Manjar para mis Bestias

poesía

Manjar para mis Bestias

yenilén mola

Editor: Yoshvani Medina.
Corrector: Frank Dimas, Jorge Félix Rodríguez.
Ilustraciones interiores y pintura de portada: Carlos Artime.
Diseño y maquetación: George Riverón.
Foto de contraportada: Alfredo Armas.

ISBN: 978-0692200117

Impreso en los Estados Unidos de América.

A mis hijos, padres y familia.
A Yoshvani (la bestia primera).
A ti que me inspiraste algún manjar,
y a mí, por el tino de coleccionar bestias benditas,
visitar Roma y amar la poesía.

Agradecimientos especiales a Carlos Artime, Frank Dimas,
Jorge Félix Rodríguez y George Riverón,
bestias llenas de talento y humanidad.

Como un Escoffier* de la Poesía

Advertidos los lectores de este libro de la función que me concierne o me atribuyo ante estas palabras, intentaré pues, ser menos persuasivo que en otras presentaciones, y sí más tendencioso si se quiere en cuanto a lo que pienso del arte de escribir.

El arte evoluciona porque evoluciona la Conciencia y las formas distintas en que vemos el mundo. Por eso cada época tiene su propio lenguaje; y aunque hoy hablemos, por ejemplo, de poesía experimental, para distinguirla del resto en cuanto a su desautomatización de los patrones de forma y estilo, siempre ha habido poetas experimentales. También por ignorancia, prejuicio, recelo o mala fe, no han faltado sus detractores. Sin embargo, en las discusiones sobre este tema ha prevalecido más la ignorancia. Este tipo de poesía es, para muchos, sinónimo de la llamada poesía visual, un concepto que en mi opinión prostituye la actitud sincera hacia el arte de escribir. Lo visual solo debe ser una parte del conjunto que es en definitiva el lenguaje escrito. Los poetas experimentales son los que se sumergen en la búsqueda de lo distinto, lo novedoso, reconfiguran los códigos de la modernidad, incluso, desde los propios moldes de la tradición.

Toda aventura literaria es una reacción ideoestética contra los parámetros socioculturales establecidos. Entre el acervo cultural y la experiencia el poeta implementa las bases de su mundo ideal, y crea con ello el mundo de lo posible, todo invento o fabulación es una vivencia que puede trascender a los planos de la belleza.

Este libro de poesía que ahora comento, **Manjar para mis Bestias**, es una aventura literaria, un experimento, que saca lascas o chispas de modernidad a ese lazo o matrimonio antropológico que existe entre el sexo y la buena cocina, entre el erotismo y la gastronomía.

Su autora, Yenilen Mola, es esa ninfa o bacante moderna que urde en cada poema los platos del encantamiento para todos nosotros, los lectores. Las ninfas mitológicas de la Grecia antigua, al final de las fiestas, eran sometidas al amor de los sátiros. Esta ninfa ha creado su propia orgía en los predios del lenguaje.

No quiero despertar la bestia en tus ojos de selva
anido en las comisuras de tu boca
y soy capaz de ahogarme cada día para ser salvada por tu lengua

Esta es la paradójica reconciliación que viene con el último suspiro, luego cierra el poema sobre ese punto en el que la poetisa se vuelve la línea divisoria entre su bestia elegida y el mundo real: "yo soy una intención al margen de tu carne".

El manjar es algo más de lo que parece, es ofrecerse al desnudo, reinventarse en la palabra para dar el sabor de los buenos aperitivos del sexo y de sus sorprendentes platos. Uno de estos manjares puede ser el poema **Puttanesca**:

No deseo que escape otro diciembre de este cuarto
ni persistan mis desvelos
sobrevivo a la inseguridad de amarte
la avidez de agotar tus retiradas
Tu espacio es una guerra donde me debato contra el tiempo
/el mundo y yo
Aprehender los minutos de gloria me calienta las manos
Así me llueve este diciembre
sobre el recuerdo que ahora luce descarnado
sobre el trono vacío
Regrésate
cuando llegues quizás esté mojada todavía.

En estas bacanales del lenguaje, el sexo y el amor se unen para dar lugar al espíritu. Cada comensal se sirve a su antojo, según la experiencia de esta que ha llenado la mesa.

En el poema *Anuncio clasificado*, la poetisa dice:

Pobre bestia torpe que amenaza con abandonar el circo
que renuncia a flotar en el tiempo como un alga

Es una bestia que no acepta bromas ni burlas del saltimbanqui suicida, domador de insectos. Una bestia que a pesar de su talento no ha llegado a ninguna parte. Una vez que se marche habrá que limpiar el circo. Su alusión es aterradoramente ambigua. La palabra bestia, que en mi opinión tiene más bien una connotación eufemística en casi todo el libro, aquí se ha usado para dar con ella lo monstruoso y lo grotesco. Me hubiera gustado imprimirle a la bestia una actitud de mansedumbre, tal vez algún plato del inmenso manjar de la poetisa, le hubiera propiciado el milagro de la obediencia.

Sin perder el sentido de esta función que desempeño: un Escoffier de la poesía, vuelvo a los archivos desordenados de mi memoria y percibo, casi en un modo contemplativo, las resonancias de la segunda parte del Manjar, todas me llegan como una consumación; el verso se me ofrece esplendente, es risa o llanto sincero, todos sus sueños, sus idas, sus regresos, me soplan como el viento. El verso es huella intemporal, polvillo que cae en la piel y extrañamente conmueve, como si el cuerpo se transformara en paladar de la vida.

Frank Dimas
Abilene, Texas
9 de abril del 2014

* Auguste Escoffier: cocinero, restaurador y escritor culinario francés. Autor del famoso libro La Guía Culinaria.

ANTIPASTI

Sugerencia del chef
Boc(a)dos
Tú bestia
Estratega natural
Menú de carne para vegetarianas
Se ofrece recompensa

Sugerencia del Chef

A todas las que soy desde mi vientre
les pido que libremos las batallas
que aceptemos a las otras dignamente
la celosa la mujer la independiente
la que ríe la que llora la que calla

No se quejen de la amante que adolece
de aquella histérica que soy por ratos
de la otra que tal vez se les parece
que torna la hoja blanca en garabatos

No se muestren contra la exigente
no le quiten a la que nada pide
consideren la que anda entre la gente
hay alguna que quizás se les olvide

Dejen abierta la puerta a la orgullosa
la cursi aventurera la sarcástica
respeten que haya alguna perezosa
lo que pido es apenas una cosa
no le brinden cabida a la anorgásmica.

Boc(a)dos

Se asoma la noche
nuestros miedos nos acosan
un cuerpo a la espera de otro cuerpo
el amor repartido en cada espacio
somos ángeles sin alas fantaseando con el cielo
y tú que no entiendes
de heterosexualidad.

TÚ BESTIA

No quiero despertar la bestia en tus ojos de selva
anido en las comisuras de tu boca
y soy capaz de ahogarme cada día para ser salvada por tu
/lengua
A pesar de los monstruos
prefiero este viaje sin escala
Eres un latido y sabes a ciruela madura
yo soy una intención al margen de tu carne.

ESTRATEGA NATURAL

Yo también tengo un pistilo para la indulgencia.

MENÚ DE CARNE PARA VEGETARIANAS

Hablando del suicidio y su quimera
me vienen a la mente muchas cosas
es motivo en mujeres perezosas
aniquilarse en una bañadera

Salta una vena erecta y altanera
amenazo romperle su estructura
un objeto punzante sin figura
está en tu posesión y es la manera

Un acto en el que a hierro o carne muera
donde incesto se vuelva soberano
es tu hierro de amor un puñal sano

A morir me dispongo placentera
en mis pechos la gloria de tus manos
en tu mástil mi nombre de bandera.

SE OFRECE RECOMPENSA

Se ha ido
como se van los buenos tiempos
como si huyera de este cuerpo que la hostiga
Se ha ido
en busca de quién sabe qué entresijos
los míos arcaicos se le hicieron ocio
Dicen
viajó a una patria enferma y se cambió la piel
Ahora no busco su regreso
también yo me escapé.

INSALATA

Gata-sierpe
Cerrojos para puentes
Lay off
Cuerpo pretérito de escarcha y filo
El último discurso
La inmortalidad del poeta
Ni San Pedro ni cuartos para monje
Viaje de ida

GATA-SIERPE

Apareces
levedad con que sisea la mañana
desgracia de mi espejo
Perturbas
del modo más inoportuno
celoso
lamentable
Saltas estridente a mi ventana
rompes las macetas
limpias tu cara en el dosel
pobre gata que sueña convertirse en sierpe
Regresas
como si la línea se hubiera roto por casualidad
tal amnesia profana tu verbo
no sientes el humo ácido en que devinieron los siseos
somos la pena del último exabrupto
Llegas
partes
regresas
como si yo pudiera realizar el sueño de la gata
como si en mi ventana
conservara su espacio la sierpe.

Cerrojos para puentes

La vida debajo de los puentes tiene callos
dolor de muelas que se alivia con inhalaciones
soledad en multitudes
exceso de carencias
El hijo del puente escucha el eco que lo declara vivo
no pierde los encuentros con los amaneceres
mira el rocío como el agua bendita que le sobra al cielo
la desolación de las paredes es el espejo donde se afeita
                                        /las barbas
hay penas en lugar de memorias y la fe no supera
                                        /las visitas al infierno
Ha llegado otro mortal a la ciudad de los descalzos
a nadie se le ocurra construir cerrojos a su último amparo.

Lay off

Como si la muerte rondara los pasillos
como un miasma
como insectos pedantes
así nos expulsan de esta patria irremediable y sin bandera
Aquí vinimos por azar
nos acostumbramos a aprehender su aire falso
advertir las caras de tantos presidentes al fundar su estribo
echarle perlas a los cerdos
la sabíamos nuestra y le crecían raíces
Aprendimos a seducir al colega
embarazarnos de los sueños
Hoy vemos las manos cansadas
cuánto hemos escrito
usamos el borrador para no extrañar a los ausentes
se agota la tinta en los oídos de quien viene a despedirse
con su caja de incertidumbres bajo el brazo
Pies remisos bajan la escalera
no hay timbres
aplausos
audio parlantes encendidos
solo cubículos vacíos
papeles por el suelo que a nadie ya le importa reciclar
y luces
muchas luces mostrando la salida de emergencia.

Cuerpo pretérito de escarcha y filo

Una bestia se esconde en el instinto de un hombre
convive con sus odios
se disfraza de inocencia ante los ojos de otra fiera
Cuando está hambrienta
su cuerpo pretérito se adorna con escarcha y filo
Es el padre
 la figura de un padre
 la bestia al acecho
Que alguien le muestre un crucifijo
Es la hija
la figura de un ángel
la niña
se dispone a abrir las piernas.

El último discurso

A Mariela Bernal
por siempre

Embarco sueños en papeles mustios
desde tiempos tan lejanos como ayer
Era una niña que jugaba a disfrazarse
me sentaba a partir almendras
sobre una alfombra con flores
                    /de flamboyán
y eso era la vida
Las estaciones se marchan a fusilazos
estoy llena de tierra
he perdido un poco de amigos
conozco las esquinas del cielo
las alfombras son de angustias
y nunca más he visto un árbol pedirme compañía
Hay penas malditas que acongojan mi pelo
respondo en señal de reverencia
Estoy llena de lo innecesario
no hay canje posible
He de afrontar el espejo
pieles lánguidas
surcos en la sonrisa
y mojar el vientre con mis aguas por un bautizo tardío
La vida se me escapa
Qué hacer con tanto mundo
tanta memoria
tanto desvelo
sino desembarcarlos en este último discurso.

La inmortalidad del poeta

Un poeta no muere
detenida la sangre aún late su pulso al compás de la rima
transmuta sus memorias en los que le conocieron
eleva su espíritu al panteón de las musas que lo habitan
desviste el hueso de su carne pero no del verbo
entonces por siempre desciende el perfume de una estrella
sobre su nariz de cazador
sueña que la muerte es la mejor manera de vivir
desde su luz
desde la selva de las eternidades
recostado a los surcos que drenaron sus ojos de romántico
Hay que ser poeta para sentirse un Dios que camina sobre
                                                    /el humo
y ser perpetuo en su oración
creo en la poesía como creo en mí mismo.

Ni San Pedro ni cuartos para monjes

A Dacio Tomás
in memoriam

Cantarle a la vida como si no pasara
girar de recuerdo en recuerdo
con esta sensación de conservar lo ajeno
Repetirse es una forma de satisfacer el hambre
se nos van las horas a golpe de preguntas
y al entenderlo dirás que eres feliz
Qué San Pedro ni cuartos para monjes
el cielo es otra cosa
Tus amigos aprietan las clavijas
reptan por los trastes
convocan tus acordes
entonces sonríes para disiparnos la tristeza
un buen hombre se queda con los suyos.

VIAJE DE IDA

Cómo planearte un viaje de retorno
alejarme de tantas soledades
hallar un sentido a esta lluvia impertinente
que los astros no sean ciencia y vaticinio
mirar a los hombres y ver mi humanidad
Dame la venia de encontrarte aunque no sea primavera
                              /y la mar esté lejos
intentaré volverme niña si eso te complace
necesito traspasar las formas
tanto de ti he llevado dentro
tanto de adentro se me fue contigo
pactemos
eres vital para mi espacio que apenas sobrevive a bocanadas
regresa
haz que mi daga de ansiedades fecunde la hoja en blanco
o déjame morir en el intento.

PIATTO DI GIORNO

Cleopatra jura y se desangra
Piezas mojadas del rompecabezas que soy
Yo era muy poco para tanto plato
Todos acuden a la fiesta de nadie
Penne alla raviatta
Anuncio clasificado
Moro y cristiana
Puttanesca
Cuerpo de vuelta y vuelta
Serafines para un loco
Pane e vino
Ración doble
Baño de María

CLEOPATRA JURA Y SE DESANGRA

> "La mujer es un manjar digno de los dioses,
> cuando no lo guisa el diablo".
> William Shakespeare

Juré no evocar fantasmas
anular paradigmas
no husmear entre textos
Me propuse mirarte como las bestias
indiferente
como si a pesar de la multitud una bestia fuera el mundo
Prometí evitar mis sueños
buscar una virtud en la renuncia
pero el tiempo no existe más allá de tus labios
del ardor que amenaza mi sensatez
 la manía de ser Cleopatra y poeta
ya es bastante para una mujer
que se jura cánones y se desangra de impotencia.

Piezas mojadas del rompecabezas que soy

Después de la tormenta
armaré las piezas que dejó intactas la melancolía
los silencios que sobrevivieron al nudo en la garganta y el
/puño cerrado
Después de las tormentas
el corazón queda exangüe de ahuyentar las moscas en el
/vaso del brindis
revisar legajos para encontrar respuestas
lavar las huellas en el pliegue de la sábana
Después de la tormenta
seré yo quien arme mis pedazos.

Yo era muy poco para tanto plato

La cama era tan grande como la ciudad misma adonde
                                              /llegué sin ti
la valija llena de inmodestias
unos cuantos dólares
y un espacio en blanco que me permitiera hilvanar
                                              /ausencias
Después de todo era preciso quedarme sola
amanecer
caminar por las calles más anónimas
perderme en ellas
rellenar la copa de vino por mi cuenta
forzar la pelvis soportando mi peso
usar los pasamanos para sostenerme
tiritar aún con tantos almohadones
escalarlos para contestar una llamada
y mirar en el reloj mis números fetiches
Era precisa aquella inmensidad
para sentirme en la más absoluta estrechez
para sacarte del limbo de mis dedos
para que tu fantasma recibiera el impacto de mi orgasmo.

TODOS ACUDEN A LA FIESTA DE NADIE

Por un rato me olvido de las tetas de aquella neoyorkina
les doy sepultura entre el McDonald y el ciberespacio
tú acudes sin saber
no sospechas que tienes vitrales en los ojos
ese dedo torpe es un cursor
Mi absurda memoria me sorprende tanto como tú
La que te engordó con sus tetas
ignora que en su honor se hace una fiesta
Ella y tú
tú y ella
sus tetas
En esta fiesta
nadie sabe cómo tristemente me divierto.

PENNE ALLA RAVIATTA

Juegas al amor como antes
como siempre
a pesar de la ausencia de mis manos
Casi mustia pacto con las horas que faltas entre mis muslos
Malditas las mujeres que viven en mi pelvis
quién pagará las cuentas de mis ganas
Te digo comprendo y es mentira
una estrategia de paz que surge al extrañarte
No sé si te perdone
si escriba otro poema cáustico
o me siente a deshojar la margarita.

Anuncio clasificado

Pobre bestia torpe que amenaza con abandonar el circo
que renuncia a flotar en el tiempo como un alga
quiere anclarse a un árbol
cambiar el circo sucio en el que vive
rechaza las bromas del payaso
el saltimbanqui suicida
el domador de insectos
Nadie calcula una fiera en celo de sí misma
que se nutre de carne viciada
la ofrenda que obtiene en recompensa
cuando calla
cuando asiente
cuando está moribunda
El circo es un lugar pequeño para cicatrizar un nombre
los ases son un triunfo imaginario
la fiera los tiene todos y aún no triunfa
Se busca un mago para que venga cuando la fiera marche.

MORO Y CRISTIANA

Puedes amar estas formas asimétricas
llenarme de puntos suspensivos
podemos ser antílopes
subir nuestras alturas
desearnos la infinitud
Nosotros
vanguardistas del sexo
reos y verdugos
al cabo de la palabra
al fin del quiero más
al borde de dos cuerpos
que creen conocerse.

PUTTANESCA

No deseo que escape otro diciembre de este cuarto
ni persistan mis desvelos
sobrevivo a la inseguridad de amarte
la avidez de agotar tus retiradas
Tu espacio es una guerra donde me debato contra el tiempo
/el mundo y yo
Aprehender los minutos de gloria me calienta las manos
Así me llueve este diciembre
sobre el recuerdo que ahora luce descarnado
sobre el trono vacío
Regrésate
cuando llegues quizás esté mojada todavía.

CUERPO DE VUELTA Y VUELTA

Has vuelto al lugar que nos separa
paredes en falda
cuartos donde se cuece la impotencia
el jardín anclado a la ojeriza del otoño
las pilas por donde marcha el ocre
la terraza para juegos
trampa y humo
el cordón umbilical donde se tienden las sábanas
Allí vuelves
porque la estancia no es mi cuerpo
el contrato se vence cada tarde
y es mejor renovarlo en pieles separadas
Es un mito que el amor asciende en la distancia
y los amantes perturbados se quieren mejor
Si pudiera poner cerco
no llevases nada ajeno a esa otra parte
no recogieras tus bienes y dejaras los desvelos
no desmontarías mi foto por acariciar el morbo
                              /del ama de llaves
Amén a las pocilgas los hospicios y las ratoneras
en ellas veo la luz que me apaga tu casa.

Serafines para un loco

A Yoshvani

Quiero a un loco de atar que conversa con su yo
no comulga con sus miedos
y a golpe de verbos rompe dientes
Me cambia el nombre a cada paso y en las noches me dice
/puta mía
entonces lo perdono
Quiero su cordura trastocada
cuando habla de amores y no escribe poemas por piedad
/de sí mismo
escucha con la nariz
huele con el tacto
como una especie de acierto primitivo
Descubrir es su modo
perderse
su destreza
Es tan torpe como el viento y como el viento vuela
Nadie sabe si el futuro muera en una cama de hospital
si revelará otro Quijote
si se dormirá el Molière que lleva dentro
Sólo sé que para entonces lo habré querido demasiado.

PANE E VINO

Tengo a alguien que me hace recordarte
un hombre alado y febril
sin tacto para venderme en su mercado clandestino
se aproxima como tú y lleva un arma en las rodillas
unas rodillas flacas con las que abre mis piernas
y se vuelve criatura
No te has ido
paseas por el tiempo entre rama y raíz
me tocas con sus manos que   malditas
rozan mis labios con acierto
Vas en sus ojos y ahora usas lentes de contacto
acaso para ver qué llevo dentro
Él tiene una parte de hierro que se te parece
mas se me diluye entre los dedos
Hoy lo hice mío por costumbre
 tal vez por no perderte.

Ración doble

Llega mayo a los ojos de este enero
roto cual las gracias que rigen mi país
Mi país era mitad hombre y mujer
espalda musculosa y senos en su geografía
monumentos al futuro dotados de sueños impúdicos
Se ha hecho tarde
no hemos encontrado una luz
total
ver ahora es lo menos importante
Pasará esta humedad y su nostalgia
cuando el cielo deje de caernos encima.

Baño de María

Amanece en mi piel la silueta húmeda de un beso
el deseo de encontrarnos en la cumbre
mi cuerpo aún erguido encuentra refugio en tus olores
No tienes idea de la distancia entre el cielo y tus brazos
ni de montes claros
inviernos tibios
ni mundos patas arriba en su plena cordura
Yo he rozado planetas con un dedo
lejos de todas las miserias
he visto con mis ojos encendidos
las cavernas del deseo
y un hombre ignorando su reinado.

INTERNAZIONALE

Venecia
Hawaii
París o del hombre desnudo en mis ojos
Mi Habana
Madrid
New York
Roma

VENECIA

El mundo son las calles de tus aguas
adoquines sin color ni tiempo
Mundo es abrazarse a tus muscíneas
fundirse en los espejos
paladear tus criaturas
saberte santa desflorada
emanación y sacrilegio
El mundo vive entre tus puentes
y mira el horizonte de rodillas en San Marcos
Ese mundo cabe en una góndola
un beso
una llovizna
en nuestro adiós sin plenitud.

Hawaii

Dios se acordó de la geografía y dijo hágase perfecta
tu arena es un confesionario de pasiones
eres la novia de todos y sigues siendo virgen
tus orillas se anclaron a un océano lleno de sal y semen de
/ballenas
Tu centro arde
tienes el monopolio de los atardeceres
descubrirte sin mapa es el misterio más sublime
como amar usando el tacto
la agudeza
y adorar el instinto de perderse.

París o del hombre desnudo pintado en mis ojos

Me amaste en París cual si fuera el último destino
esculpiste con besos mi espalda
se vertió a mis pies tu río Sena
conquistaste mi invierno ante la Dama de Hierro
Deambulan gemidos en Montmartre
los deseos piden libertad en Madeleine
presas yacen las memorias en el Puente de los Enamorados
y los Inválidos nos muestran el camino a la isla
/de Saint Louis
No hay otro París como el tuyo
del hombre desnudo pintado en mis ojos
que amó a su Gioconda trazo a trazo
y se bebió las noches en copas de champán.

MI HABANA

La sombra ya no es sombra
sino polvo que cubre adoquines
el sudor llega a cada cicatriz
Oh   Habana mía
esos gigantes orgullosos y viejos
que adornan tu mejor ventana
lloran la sal del olvido sobre el muro
El sol se aleja de tu frente
pero en mí no anocheces.

MADRID

No he mirado más al cielo desde que vi tus ojos
/en la Puerta del Sol
Cibeles a mi espalda fue testigo
de cómo sonaron bajo mis pies tus adoquines
He visto copular encabritadas las plazas y sus fuentes
Yo
plena de tu historia
tú
esencia en mis raíces
Dame más vino y caña
pues la vida convoca a otro gemido
No me abras Alcalá
hasta haber saboreado los versos del último poeta.

NEW YORK

Veo callejuelas despobladas de ángeles
basura en los rincones
vidas paralelas
sueños desvelados
un hombre con manos de papel
menos dichoso en el reflejo del otro que lo mira
Hay cosas obvias en la estación
pero no todos pueden verlas
unos lo intentan a través de las monedas que le echan
                                        /en las latas
Los relojes viven a merced de las urgencias
de la Bolsa
los trenes
Arriba nada es diferente
tampoco se ve el sol
unos caminan sobre otros
sombra entre sombras
y ese niño con los ojos secos de tanto buscar las mariposas
De repente una oreja
un seno
un bastonazo
golpes de aviso para andar
Desde lo alto el dinero cuelga en las paredes
como un paso necesario
para acercarse al cielo.

ROMA

Camino estas calles cual si fueran mías
como quien vuelve al lugar donde renace
Suelo de leyendas y armaduras fundado por los dioses
inmerso en sí mismo
Un cortejo de huesos bajo tus plantas
las ruinas
pashminá sobre tus hombros
níveas tus plazas
Lanzo un deseo a la Fuente de Trevi
abjuro la mentira en la Verita
confieso mi asombro en la capilla Sixtina
bebo el vino de la fe en San Pietro
muero y resucito en el Panteón
Queda esta pregunta inconclusa
volando junto a las palomas sobre el Tíber
Cómo se olvida una ciudad eterna.

DOLCE

Al vapor
Cisne y lentejuela
Confitura de lascivia
Fuga
Shhh
Delicatessen

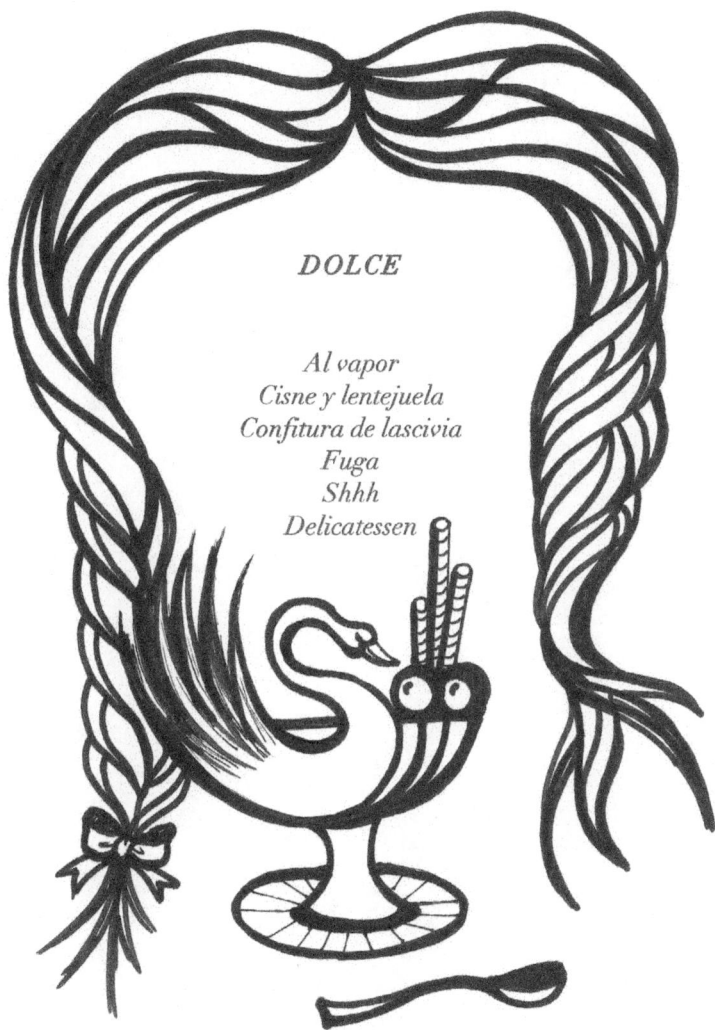

AL VAPOR

Amor en buen estado
en estado de sobriedad y embriaguez
cabe en mi estado de gracia
en mi estado de ebullición
Perenne golpe de estado
que supera mis estados de coma
Amor de estado supremo
seguridad de mi estado
el de mi jefe de estado
Amor en estado de gestación
en estado precoz y tardío
Amor que no teme al estado del tiempo
Estado dulce-amargo de ésta que en estado consciente
declara su estado de amante empedernida
su estado de locura.

Cisne y lentejuela

Era una criatura extraña
mezcla de cisne y lentejuela
libre a su modo
toda la miseria del mundo se le escondía en el cuerpo
entonces ocultaba su cuerpo en fantasías
Me habló de amores infelices
tropeles
estrellas
corsarios
mendigos
y yo sin saber nada
entendí el cuento
que los niños ignoran
cuando miran a un cisne.

CONFITURA DE LASCIVIA

Imagino a mis musas envueltas en seda
danzan para un caballero con bigotes
muslo a muslo
respiración jadeante
perdidas en el negro de sus ojos
gozan la desnudez
herencia de otros dioses que ellas no consiguen ignorar
No vendrán
esta noche tampoco vendrán
disfrutan la fiesta tras los barrotes de la sed
han puesto dedos en sus alas
y escogen danzar
en lugar de dormir entre mis manos.

FUGA

Se fue a la cita
ató el recuerdo a sus trenzas largas
vertió el olor de las mañanas en su morral
y creyó en el Dios de la otra orilla
Al llegar
sólo quedaban sus dos brazos.

Shhhh

Silencio lleno de metáforas
en silencio a tu lado
encima
adentro
En silencio la carne
el vicio
el gemido
Silencio
podrías estropearlo todo.

DELICATESSEN

Una se llena de conquistas huecas
de abrigos en desuso
papeles que no vuelven a leerse
recuerdos que pasan al olvido
materias
mitades
miserias
años derrochados
bestias interiores
amigos que nunca visita
vicios
complejos
costumbres
moralismos
Una se harta de trabajo
visitas al espejo
compromisos y presiones
Lo mejor
es que al final
absolutamente todo
sea pretexto para una poesía.

MANJAR PARA MIS BESTIAS – ÍNDICE

INTERNAZIONALE

DOLCE

MANJAR PARA MIS BESTIAS,
de Yenilén Mola,
fue impreso en el mes de abril de 2014,
en los Estados Unidos de América.